school - yachay wasi	2
travel - ch'usay	5
transport - astana	8
city - llaqta	10
landscape - wanlla	14
restaurant - mikhuna wasi	17
supermarket - jatun qhatu	20
drinks - upyanakuna	22
food - mikhuna	23
farm - chakra wasi	27
house - wasi	31
living room - k'illi wanlla	33
kitchen - wayk'una wasi	35
bathroom - akana wasi	38
kids room - wawa k'uchu	42
clothing - p'acha	44
office - ujisina	49
economy - qullqikamay	51
occupations - llamk'aykuna	53
tools - ruk'awi	56
musical instruments - takichiy nakuna	57
zoo - jatun uywa kancha	59
sports - atipanaku pukllay	62
activities - ruwakuna	63
family - yawar masikuna	67
body - uqhu	68
hospital - Jampina wasi	72
emergency - urjinsia	76
earth - Pacha	77
clock - phani (kuna)	79
week - qanchischaw	80
year - wata	81
shapes - pacha tupusqa rikch'ay	83
colors - llimp'ikuna	84
opposites - wakjinakuna	85
numbers - yupaykuna	88
languages - simikuna	90
who / what / how - pi / ima / imayna	91
where - maypi	92

Impressum
Verlag: BABADADA GmbH, Nedderfeld 112 , 22529 Hamburg
Geschäftsführer / Verlagsleitung: Harald Hof
Druck: Books on Demand GmbH, In de Tarpen 42, 22848 Norderstedt

Imprint
Publisher: BABADADA GmbH, Nedderfeld 112 , 22529 Hamburg, Germany
Managing Director / Publishing direction: Harald Hof
Print: Books on Demand GmbH, In de Tarpen 42, 22848 Norderstedt

school
yachay wasi

- divide — rak'iy
- board — pirqa qillqana
- classroom — yachaqaywasi
- school yard — kancha
- teacher — yachachiq
- paper — raphi
- write — qillqay
- pen — qillqana
- desk — llamk'a jamp'ara
- ruler — chiqanchana
- book — p'anqa
- pupil — yachaqaq

satchel
wayaqa

pencil case
p'uktaki llimp'i qillqana

pencil
yana qillqana

pencil sharpener
ñawch'ina

rubber
qillqakhituna

drawing pad
qillqana p'anqa siq'inapaq

school - yachay wasi

drawing
siq'i

paintbrush
chukcha llimp'ina

paint box
p'uktaki llimp'ikuna

scissors
k'utuna

glue
k'akachana

exercise book
qillqana p'anqa ruwanakuna

homework
kamachinakuna

number
yupay

add
yapay

subtract
qhichuqay

multiply
mirachay

calculate
yupanchay

letter
sanampa

alphabet
sanampakuna

word
simi rimay

school - yachay wasi

text	read	chalk
qillqa	ñawiriy	iskuna

lesson	register	examination
yachachina	qillqana p'anqacha	chaninchana

certificate	school uniform	education
certificaru	uniforme	yachay

encyclopedia	university	microscope
jatun simi pirwa	Jatun yachaywasi	microscopio
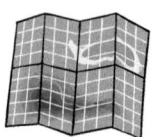		
map	waste-paper basket	
saywa siq'i	raphi chuqana	

travel
ch'usay

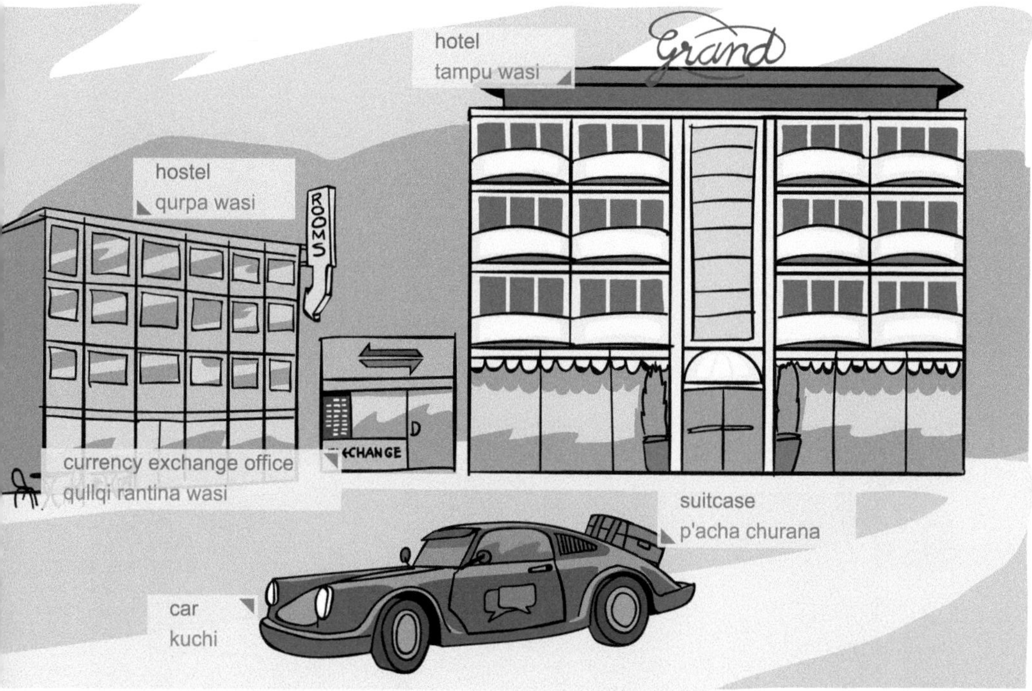

hotel
tampu wasi
Grand
hostel
qurpa wasi
ROOMS
currency exchange office
qullqi rantina wasi
suitcase
p'acha churana
car
kuchi

language

simi

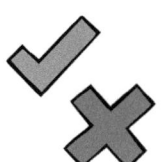

yes / no

ari / mana

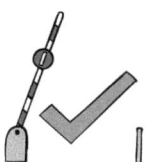

Okay

ari

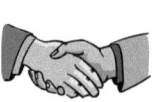

hello

Imaynalla

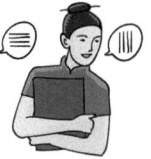

translator

tikraq

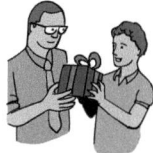

Thank you

Pachi

how much is...?
¡Machkhataq?

I don´t get it
Mana yachanichu

problem
ch'ampay

Good evening!
¡Allin tuta!

Good morning!
¡Allin P'unchaw!

Good night!
¡Allin tuta!

goodbye
tinkunakama

direction
pusachay wasi

luggage
q'ipi

bag
wayaqa

backpack
wasa wayaqa

guest
jamuynisqa

room
wasi

sleeping bag
puñunapaq wayaqa

tent
tienda

travel - ch'usay

tourist information
turismu willakuy

beach
quchapata

credit card
tarjita kriditumanta

breakfast
paqarin mikhuy

lunch
chawpi p'unchaw mikhuy

dinner
tuta mikhuy

Ticket
qullqi

elevator
makina wicharinapaq

stamp
unanchana

border
saywa

customs
adwana

embassy
imwajada

visa
visa

passport
pasapurti

travel - ch'usay

transport
astana

- airplane — lata p'isqu
- ship — wamp'u
- fire truck — bumbiru kuchi
- bus — awtuwus
- truck — kamiun
- motorboat — mutur wamp'u
- car — kuchi
- bike — wisiklita

ferry
quchacha

boat
wamp'u

motorbike
mutu

police car
pulisiyap autun

racing car
usqay karru

rental car
kuchi manukuna

car sharing
kuchi manu

tow truck
grua

garbage truck
q'upa kamiun

engine
mutur

fuel
gasulina

fuel station
gasulinamanta istasiun

traffic sign
chakatana sanampa

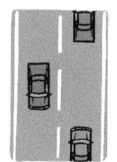

traffic
trajiku

traffic jam
chakatana

parking lot
istasiun

train station
trin estasiun

tracks
ñankuna

train
trin

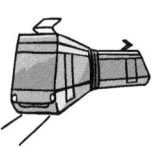

tram
tranwia

wagon
wagun

helicopter
ilikuptiru

airport
lata p'isqu kiti

tower
pukara

passenger
pasaqlla

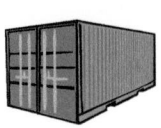
container
jatun p'uktaki

carton
karton p'uktaki

cart
kapachu

basket
isanka

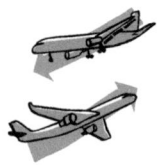
take off / land
phaway / uray

city
llaqta

village
llaqta

city center
chawpi jatun llaqta

house
wasi

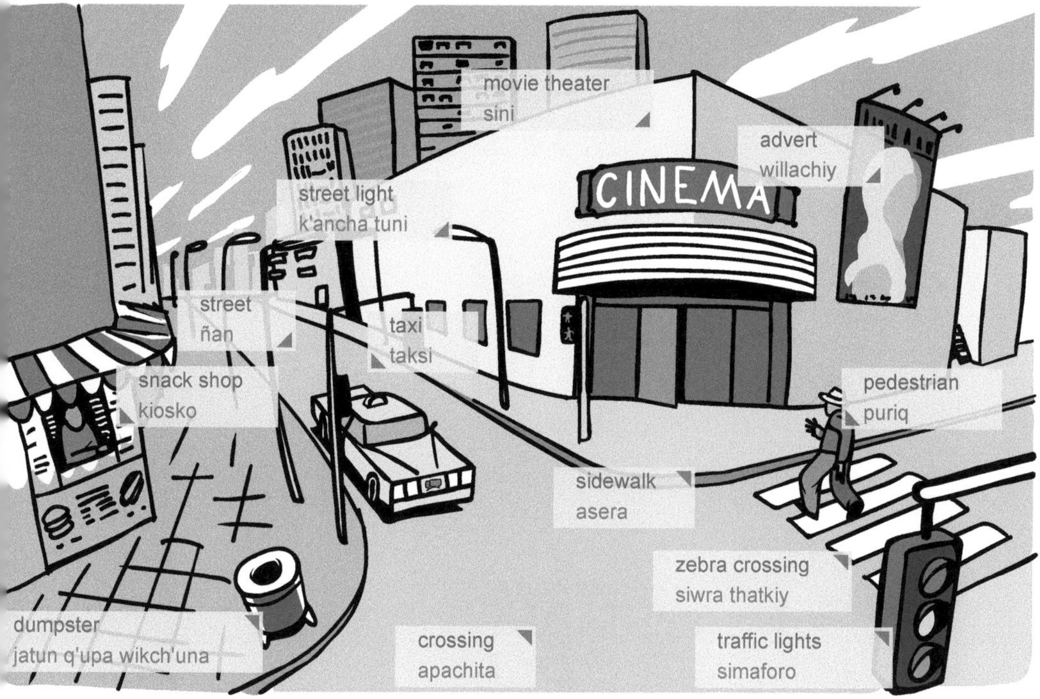

- movie theater — sini
- advert — willachiy
- street light — k'ancha tuni
- street — ñan
- taxi — taksi
- snack shop — kiosko
- pedestrian — puriq
- sidewalk — asera
- zebra crossing — siwra thatkiy
- dumpster — jatun q'upa wikch'una
- crossing — apachita
- traffic lights — simaforo

hut
ch'ullka

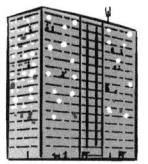

apartment
apartamento

train station
trin estasiun

city hall
tantanakuy wasi

museum
rikuchina wasi

school
yachay wasi

city - llaqta

university
Jatun yachaywasi

bank
qullqi pirwa

hospital
Jampina wasi

hotel
tampu wasi

pharmacy
jampi ranqhana wasi

office
ujisina

book shop
p'anqa pirwa

shop
tienda

flower shop
t'ika wasi

supermarket
jatun qhatu

market
qhatu

department store
jatun pirwa

fishmonger's shop
challwa wasi

mall
jatun rantina wasi

harbor
wamp'u qhispinan

park
jark'asqa chiqan

bench
qullqi pirwa

bridge
chaka

stairs
wichana

subway
metro

tunnel
suqhu

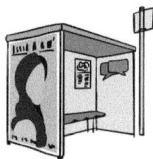
bus stop
autuwus sayana

bar
bar

restaurant
mikhuna wasi

postbox
willa qillqa juch'uy wanqara

street sign
t'uqsi tuni

parking meter
parkimetro

zoo
jatun uywa kancha

swimming pool
armakuna

mosque
meskita

city - llaqta

farm
chakra wasi

pollution
pacha unquchiq

cemetery
Aya pampa

church
iñiy wasi

playground
pukllana kancha

temple
Qhapana

landscape
wanlla

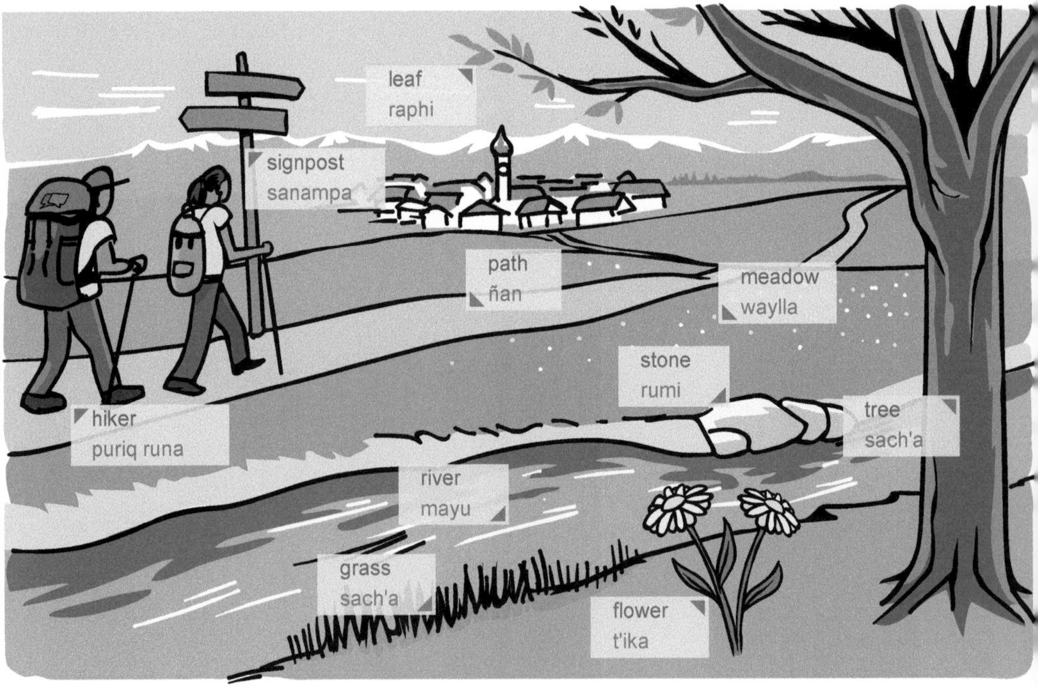

leaf — raphi
signpost — sanampa
path — ñan
meadow — waylla
stone — rumi
tree — sach'a
hiker — puriq runa
river — mayu
grass — sach'a
flower — t'ika

landscape - wanlla

valley
qhichwa

hill
muqu

lake
qucha

forest
Sach'a sach'a

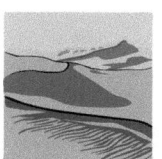
desert
purun

volcano
nina phuqchiq urqu

castle
kastilla wasi

rainbow
k'uychi

mushroom
champiñun

palm tree
chunta

mosquito
ch'uspi

fly
ch'uspi

ant
sik'imira

bee
wara

spider
kusi kusi

landscape - wanlla

beetle
ch'iqi

frog
k'ayra

squirrel
artilla

hedgehog
askanku

hare
liwre

owl
ch'usiqa

bird
p'isqu

swan
yuku p'isqu

boar
sintiru

deer
sierwu

moose
alsi

dam
waykhasqa

wind turbine
wayrakallpa

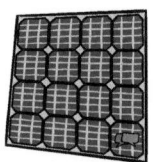
solar panel
inti panil

climate
pacha wayra

landscape - wanlla

restaurant
mikhuna wasi

- waiter — wayna yanapaq
- menu — menu
- chair — tiyana
- pizza — pitsa
- soup — supa
- cutlery — tumina
- tablecloth — mast'a jamp'ara

starter
ñawpaq mikhuna

main course
yari mikhuna

dessert
mikhuy yapa

drinks
upyanakuna

food
mikhuna

bottle
wutilla

restaurant - mikhuna wasi

fast food
saqra ura

street food
kalli mikhuna

teapot
te churana

sugar bowl
misk'i churana

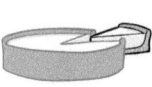

portion
chhika

espresso machine
cajitira iksprisu

high chair
jatun tiyana

bill
yupay

tray
bandija

knife
tumi

fork
tinidur

spoon
wislla uña

teaspoon
juch'uy wislla uña

serviette
simi pichana

glass
qhispi akilla

restaurant - mikhuna wasi

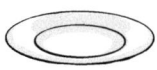

plate
chuwa

soup plate
chuwa

saucer
chuwa

sauce
salsa

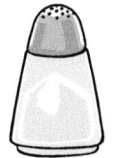

salt shaker
kachi churana

pepper mill
pimienta kutana

vinegar
k'allkucha

oil
llukllu

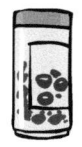

spices
ch'aki q'mirkuna

ketchup
ketchup

mustard
mostaza

mayonnaise
mayonisa

restaurant - mikhuna wasi

supermarket
jatun qhatu

special offer — kusa ranqhanapaq
customer — rantiq
dairy products — willalli
fruit — puquy
shopping cart — rantina karro

butcher's shop
aicha wasi

bakery
t'anta wasi

weigh
llasay

vegetables
q'umirkuna

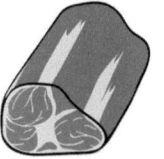

meat
aycha

frozen food
chhullunka mikhuna

supermarket - jatun qhatu

cold cuts
quqawi

canned food
mikhuna unaychasqa

detergent
ditirjinti

candy
misk'ikuna

household products
wasimanta pruduktu

cleaning products
maylla produkto

sales representative
ranqhaq

cash register
kartun p'uktaki

cashier
kajiru

shopping list
sinru qillqa rantina

opening hours
sumaq runa uyarina phani

wallet
qullqi wayaqa

credit card
tarjita kriditumanta

bag
plastiko wayaqa

plastic bag
plastiku wayaqa

supermarket - jatun qhatu

drinks
upyanakuna

water
yaku

juice
jilli

milk
ch'awa

coke
coca cola

wine
vino

beer
sirwisa

alcohol
alkula

cocoa
kakawu

tea
te

coffee
caji

espresso
ieksprisu

cappuccino
capuchinu

food
mikhuna

banana
platanu

apple
mansana

orange
laranja

melon
milun

lemon
limun

carrot
sanawrya

garlic
aju

bamboo
wamwu

onion
siwulla

mushroom
champiñun

nuts
awillana

noodles
jirius

spaghetti
ispawiti

rice
arrus

salad
sarsa

fries
papa kanka

fried potatoes
papa kanka

pizza
pitsa

hamburger
amwirkisa

sandwich
sanwich

escalope
jiliti

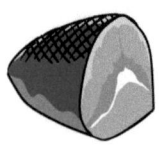

ham
jamun

salami
salami

sausage
salchicha

chicken
chichilu

roast
aycha kanka

fish
challwa

food - mikhuna

porridge oats
p'aqa awina

muesli
muesli

cornflakes
p'aqa sara

flour
jak'u

croissant
krwasan

bread roll
k'awka

bread
t'anta

toast
t'anta jamk'a

cookies
khamuna

butter
mantikilla

curd
ñuqñu

cake
pastil

egg
runtu

fried egg
runtu kanka

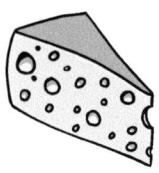
cheese
masara

food - mikhuna

ice cream	sugar	honey
chullunka misk'i	misk'i	wayrunq'u misk'i

jelly	nougat cream	curry
mirmilara	krima turrunmanta	kurri

food - mikhuna

farm
chakra wasi

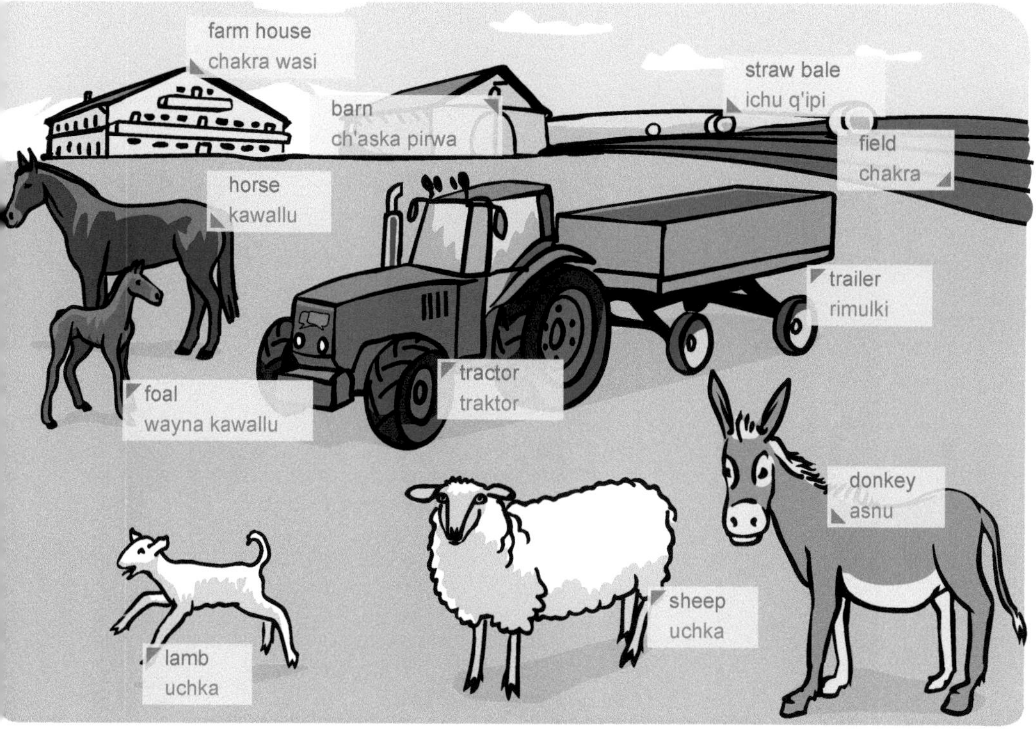

farm house
chakra wasi

barn
ch'aska pirwa

straw bale
ichu q'ipi

field
chakra

horse
kawallu

trailer
rimulki

foal
wayna kawallu

tractor
traktor

donkey
asnu

lamb
uchka

sheep
uchka

goat
karwa

cow
waka

calf
waka uña

pig
khuchi

piglet
khuchi uña

bull
turu

farm - chakra wasi

goose
wallata

duck
pili

chick
chchilu

hen
wallpa

cockerel
k'anka

rat
jatun juk'ucha

cat
misi/michi

mouse
juk'ucha

ox
turu

dog
alqu

dog house
alquwasi

garden hose
mankira

watering can
qarpana jalp'a

scythe
rutuna

plow
taklla

farm - chakra wasi

sickle
rutuna

hoe
liwk'ana

pitchfork
sipina

axe
ayri

pushcart
kapachu

trough
yaku upyana

milk can
willalli purunku

sack
jatun wayaqa

fence
jark'aq ch'ipa

stable
kancha wasi

greenhouse
inwirnadiru

soil
pampa

seed
muju

fertilizer
wanu

combine harvester
makina allana

harvest
allay

harvest
allay

yams
ñame

wheat
tiriwu

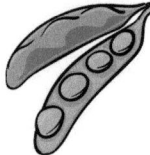
soya
soya

potato
papa

corn
sara

rapeseed
kulsa luru

fruit tree
wayu sach'a

manioc
mandiuka

grain
ch'aki puquy

farm - chakra wasi

house
wasi

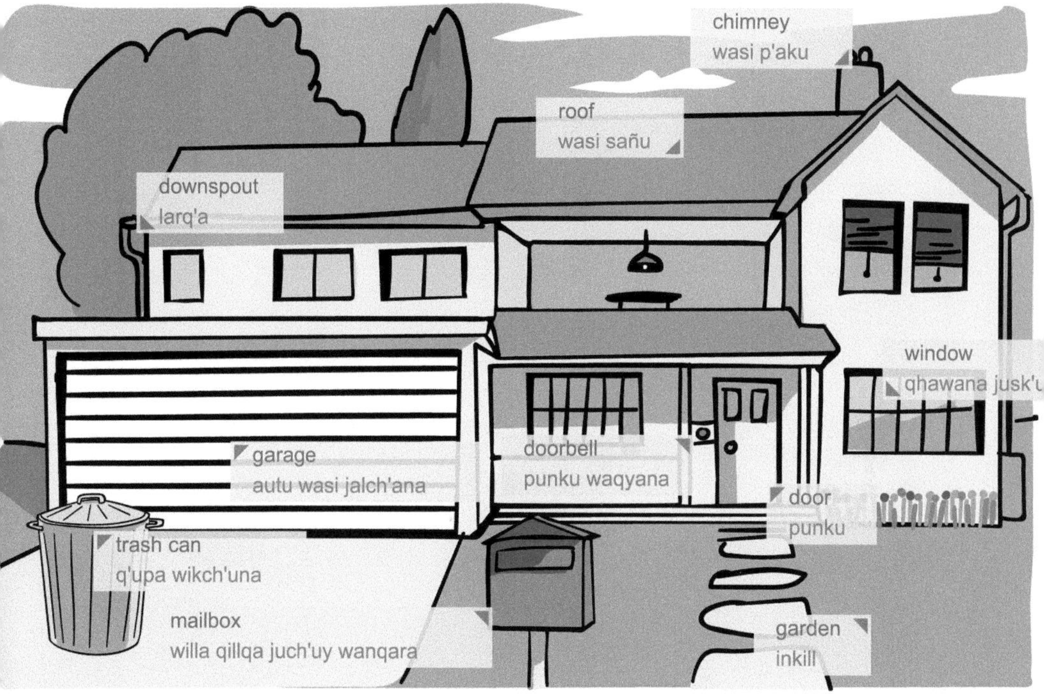

- chimney — wasi p'aku
- roof — wasi sañu
- downspout — larq'a
- window — qhawana jusk'u
- garage — autu wasi jalch'ana
- doorbell — punku waqyana
- door — punku
- trash can — q'upa wikch'una
- mailbox — willa qillqa juch'uy wanqara
- garden — inkill

living room
k'illi wanlla

bathroom
akana wasi

kitchen
wayk'una wasi

bedroom
puñuna wasi

kids room
wawa k'uchu

dining room
mikhuna k'uchu

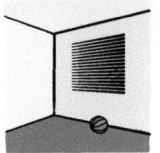
floor
pampa

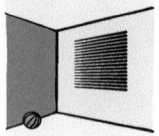
wall
pirqa

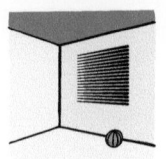
ceiling
wasip khatan

cellar
wasi ukhun

sauna
sawna

balcony
walkun

terrace
pirqa

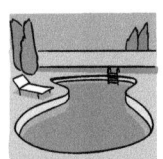
pool
armakuna

lawn mower
k'achina

sheet
iqana

bedspread
khatana

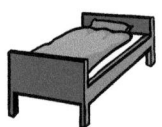
bed
puñuna

broom
pichana

bucket
yaku aysana

switch
k'ancha jap'ichiq

house - wasi

living room
k'illi wanlla

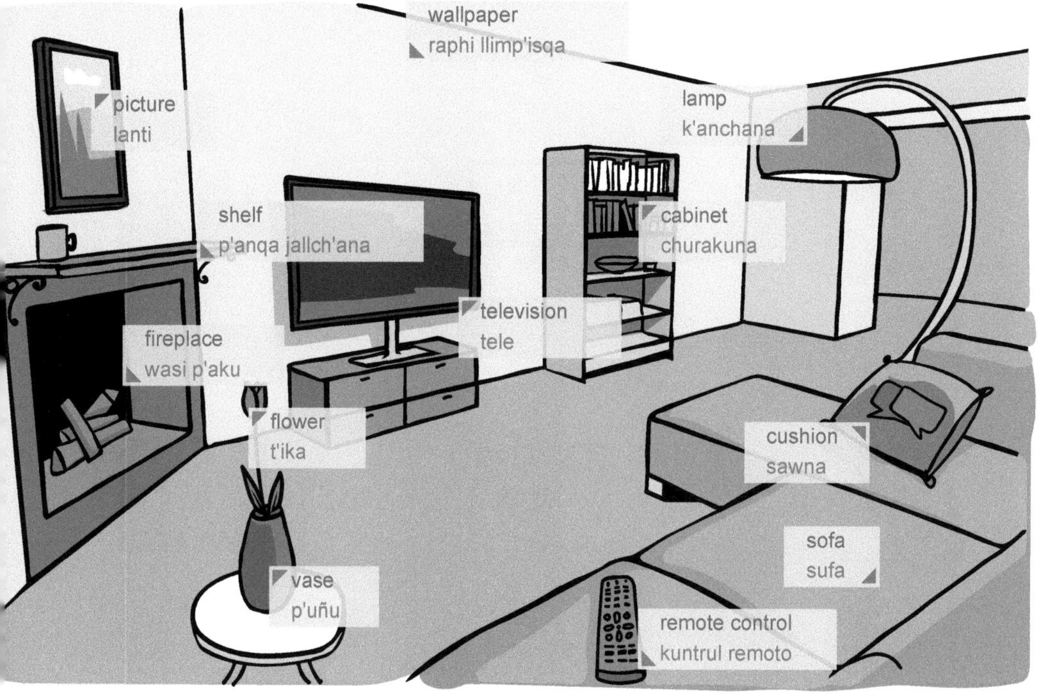

- picture / lanti
- wallpaper / raphi llimp'isqa
- lamp / k'anchana
- shelf / p'anqa jallch'ana
- cabinet / churakuna
- fireplace / wasi p'aku
- television / tele
- flower / t'ika
- cushion / sawna
- vase / p'uñu
- sofa / sufa
- remote control / kuntrul remoto

carpet
pampa mast'ana

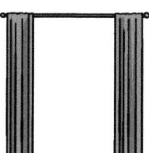

drape
arapa

table
jamp'ara

chair
tiyana

rocking chair
chhuku tiyana

armchair
kirana

book p'anqa	blanket mast'a	decoration t'ikanchay

firewood llamt'a	film pelikula	stereo system takina ekipu

key ch'atana	newspaper mit'awa	painting llimp'i

poster poster	radio wayra simi	notebook qillqana p'anqa

vacuum cleaner aspiradora	cactus pukru	candle ispilma

living room - k'illi wanlla

kitchen
wayk'una wasi

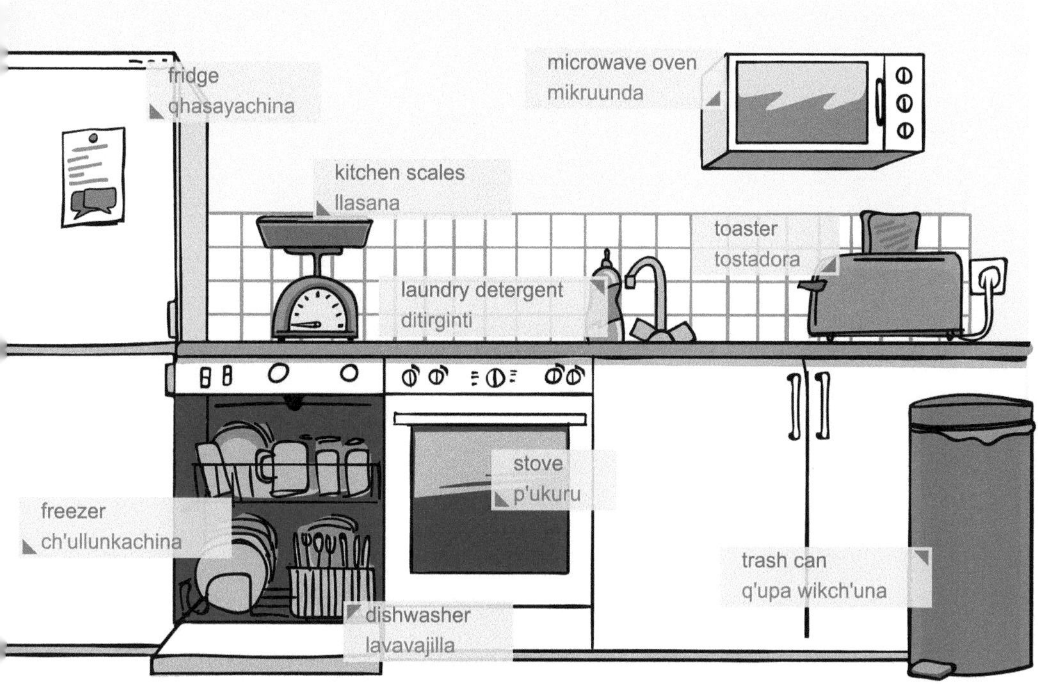

- fridge — qhasayachina
- microwave oven — mikruunda
- kitchen scales — llasana
- toaster — tostadora
- laundry detergent — ditirginti
- freezer — ch'ullunkachina
- stove — p'ukuru
- trash can — q'upa wikch'una
- dishwasher — lavavajilla

cooker
presiun manka

pot
manka

cast-iron pot
q'illa manka

wok / kadai
wok

pan
payla

kettle
thimpuchina

steamer
wapsina

baking tray
p'ukuru punku

crockery
vajilla

mug
tasa

bowl
tason

chopsticks
palillo

ladle
wislla

spatula
phusuqa urquna

whisk
qaywina

strainer
isanka

sieve
suysuna

grater
thupana

mortar
kutana

barbecue
kawitu

fireplace
nina jap'ichina

kitchen - wayk'una wasi

chopping board
k'ullu kuchunapaq

rolling pin
tuquru

corkscrew
sacacurchu

can
lata

can opener
lata kichana

oven cloth
jap'ina

sink
chuwa mayllana

brush
sipillu

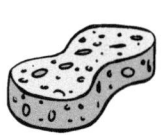
sponge
ispunja

blender
watidora

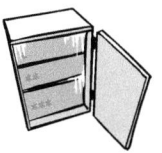
deep freezer
ch'ullunkachina

baby bottle
biberon

tap
grifo

kitchen - wayk'una wasi

bathroom
akana wasi

- heating — kalefaksiun
- shower — armana
- towel — ch'akina
- shower curtain — arapa
- bubble bath — phusuqa mayllana
- bathtub — bañera
- glass — qhispi akilla
- washing machine — makina mayllana
- tap — grifo
- tiles — azulijo
- potty — manka jisp'ana
- sink — chuwa mayllana

toilet	squat toilet	bidet
akana	yakupaka	bidet
urinal	toilet paper	toilet brush
jisp'ana	papel higieniku	water pichana

toothbrush
kiru khituna

toothpaste
kiru pasta

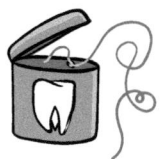

dental floss
kiru q'aytu

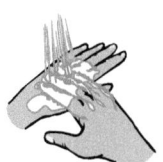

wash
mayllay

hand shower
armana makiwan

douche
armana

basin
pila

back brush
wasa cepillo

soap
t'arta

shower gel
llukllu armanapaq

shampoo
champu

flannel
ch'akina

drain
ch'chi yaku wikch'una

creme
krima

deodorant
kuntu wayllak'upaq

mirror
qhispi

hand mirror
qhawakunaqhispi

razor
mumikuna

shaving foam
phusuqu mumikunapaq

aftershave
lusiun mumikunapaq

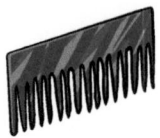

comb
sikrana

brush
kuiru khituna

hair-dryer
sekadora

hairspray
ispray

makeup
makillaji

lipstick
simi llimp'ina

nail varnish
llimp'i sillu

cotton wool
ampi

nail scissors
sillu k'utuna

perfume
untu

bathroom - akana wasi

washbag

wayaqa ch'usanapaq

stool

chukuna

weighing scales

aysana

bathrobe

bata

rubber gloves

maki wayaqa gumamanta

tampon

tampon

sanitary towel

raphi ch'akina

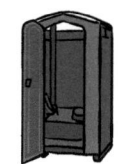

chemical toilet

akanapaq tiyana kimiku

bathroom - akana wasi

kids room

wawa k'uchu

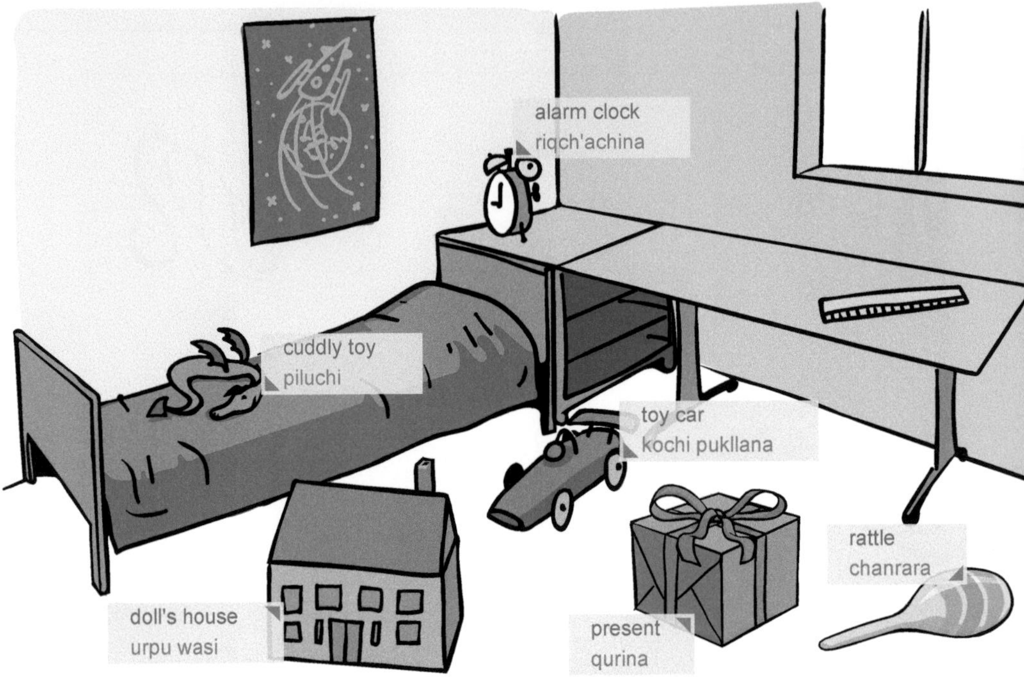

alarm clock
riqch'achina
cuddly toy
piluchi
toy car
kochi pukllana
rattle
chanrara
doll's house
urpu wasi
present
qurina

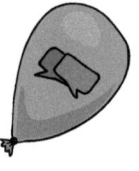

balloon

phuyu phuku

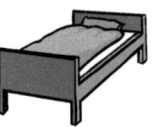

bed

puñuna

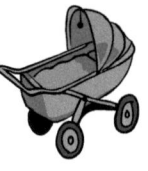

stroller

wawa kochi

deck of cards

naypi

jigsaw

pusli

SUPER
MEGA

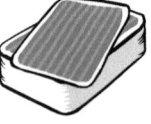

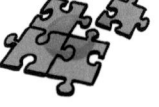

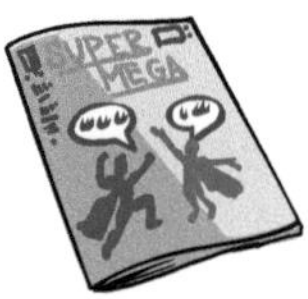

comic

riwista

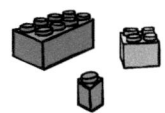

lego bricks
legukuna

toy blocks
wluki pukllana

action figure
figura aksionmanta

romper suit
wuri wawapaq

frisbee
friswi

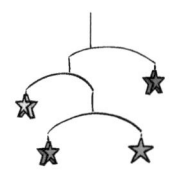

mobile
wawa marq'a

board game
jamp'ara pukllana

dice
dado

model train set
trin iliktriko purina

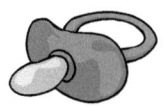

pacifier
maniki

party
raymi

picture book
futu p'anqa

ball
p'ulu

doll
urpu

play
pukllay

sandpit
t'iyu p'utaki

swing
wallunk'a

toys
pukllana

video game console
wiriukunsula

tricycle
trisiklu

teddy bear
jukumari pukllana

wardrobe
p'acha jallch'ana

clothing
p'acha

socks
chakiwayaqa

stockings
chakiwayaqa qharipaq

tights
chakiwayaqa

clothing - p'acha

clothing - p'acha

body
wuri

pants
pantalu kurtu

jeans
wakiru

skirt
arphi

blouse
wulusa

shirt
kamisa

pullover
chumpa

sweater
chumpa

blazer
blazer

jacket
chakita

coat
qhata

raincoat
yawardina

costume
traji

dress
wistiru

wedding dress
wistiru nowiamanta

suit
traji

nightgown
kamisun

pajamas
piyama

sari
sari

headscarf
wandana

turban
turbante

burka
burka

kaftan
kaftan

abaya
abaya

swimsuit
traje mayllakunapaq

trunks
p'acha mayllakunpaq

shorts
kurtu

tracksuit
p'acha tukuy p'unchawpaq

apron
dilantal

gloves
makiwayaqa

clothing - p'acha

button
ch'itana

glasses
gafakuna

bracelet
maki watana

necklace
wallqa

ring
siwi

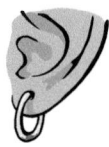

earring
linri quri

cap
q'aspa

coat hanger
p'acha warkhuna

hat
chharara

tie
kurbata

zip
pantalu wisk'ana

helmet
kasku

braces
tirantikuna

school uniform
uniforme

uniform
uniformi

clothing - p'acha

bib	pacifier	diaper
llawsanapaq	maniki	jananta

office
ujisina

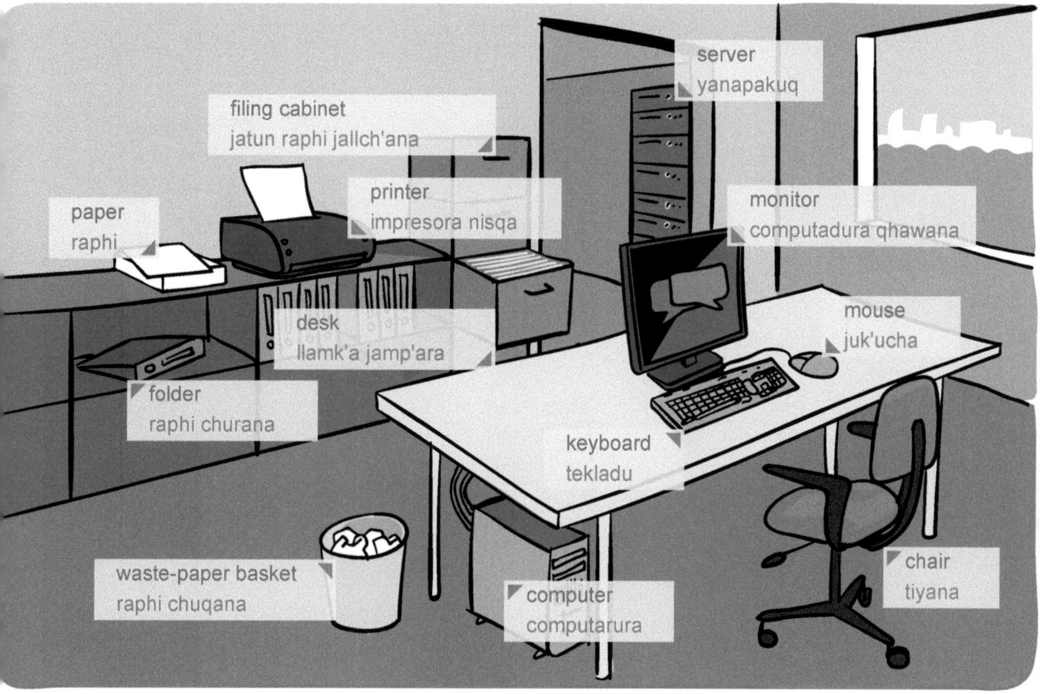

- server — yanapakuq
- filing cabinet — jatun raphi jallch'ana
- printer — impresora nisqa
- paper — raphi
- monitor — computadura qhawana
- desk — llamk'a jamp'ara
- mouse — juk'ucha
- folder — raphi churana
- keyboard — tekladu
- waste-paper basket — raphi chuqana
- computer — computarura
- chair — tiyana

coffee mug	calculator	internet
tasa cajimanta	calcularura	intirnit

office - ujisina

laptop
laptop

letter
chaki qillqa

message
willachiy

cell phone
silular

network
red

photocopier
futukopia

software
software

telephone
tilijunu

plug socket
toma corriente

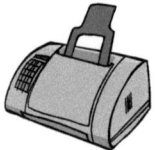
fax machine
faks

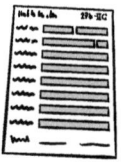
form
jurmulario

document
asuy qillqa

economy
qullqikamay

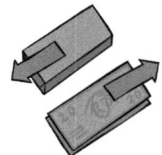

buy
ranqhay

pay
qupuy

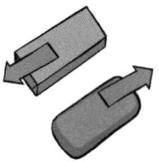

trade
ranqhay

money
qullqi

dollar
dólar qullqi

euro
iwro qullqi

yen
yen qullqi

rouble
ruwlu qullqi

Swiss franc
juranku swisu qullqi

renminbi yuan
rinminwi qullqi

rupee
rupia qullqi

cash point
kajiru awtumatiku

currency exchange office

qullqi rantina wasi

gold

quri

silver

qullqi

oil

pitruliu

energy

kallpa

price

yupa

contract

mink'ay

tax

impuistu

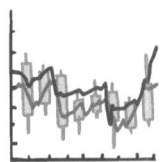

stock

aksiun

work

llamk'ay

employee

llamk'achiq

employer

llamk'achiq

factory

puquchiy kiti

shop

tienda

economy - qullqikamay

occupations
llamk'aykuna

police officer
ajinti policiamanta

fireman
wumwiru

pilot
pilutu

doctor
jampi kamayuq

cook
wayk'uq

gardener
inkill kamayuq

carpenter
llaqllaykamayuq

seamstress
siraykamayuq

judge
khuskachaq

chemist
jampi ranqhaq

actor
aranwaq

occupations - llamk'aykuna

bus driver
awtuwus q'iwiq

taxi driver
taksi q'iwiq

fisherman
challwakamayuq

cleaning lady
pichaq

roofer
wasip qhatan

waiter
wayna yanapaq

hunter
chakuykamayuq

painter
llimp'iq

baker
t'antiri

electrician
iliktrisista

builder
llam'kaq

engineer
k'llikacha

butcher
ñak'aq

plumber
yaku kamayuq

postman
qillqa apaq

occupations - llamk'aykuna

soldier
awqakuq

architect
wasikamayuq

cashier
kajiru

florist
t'ikachaq

hairdresser
chukcharutuq

conductor
q'iwichiq

mechanic
mikaniku

captain
wamink'a

dentist
kirukamayuq

scientist
jamawt'a

rabbi
rawinu

imam
k'askachimuq

monk
munji

pastor
tata kura

occupations - llamk'aykuna

tools
ruk'awi

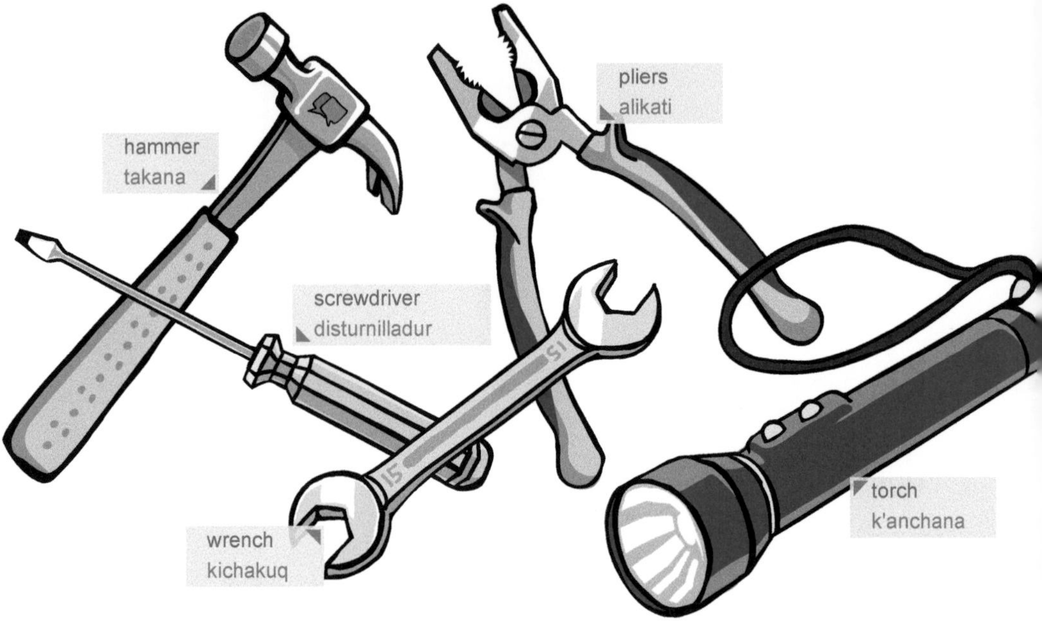

hammer — takana

pliers — alikati

screwdriver — disturnilladur

wrench — kichakuq

torch — k'anchana

excavator
ikskawadura

toolbox
ruk'awi p'uktaki

ladder
wichana makiyuq

saw
sierra

nails
takarpu

drill
talaru

repair
allinchay

shovel
lampa

Damn!
¡Supay apachun!

dustpan
q'upa tantana

paint can
llimp'i churana

screws
turnillukuna

musical instruments
takichiy nakuna

loud speaker
sumaq parlana

drum set
watiria

guitar
witarra

double bass
kuntrawaju

trumpet
lata phuku

piano
pianu

violin
wiulin

bass
waju

timpani
tinwalis

drums
wankar

keyboard
tikladu

saxophone
saksu

flute
phukuna

microphone
mikrufunu

musical instruments - takichiy nakuna

ZOO
jatun uywa kancha

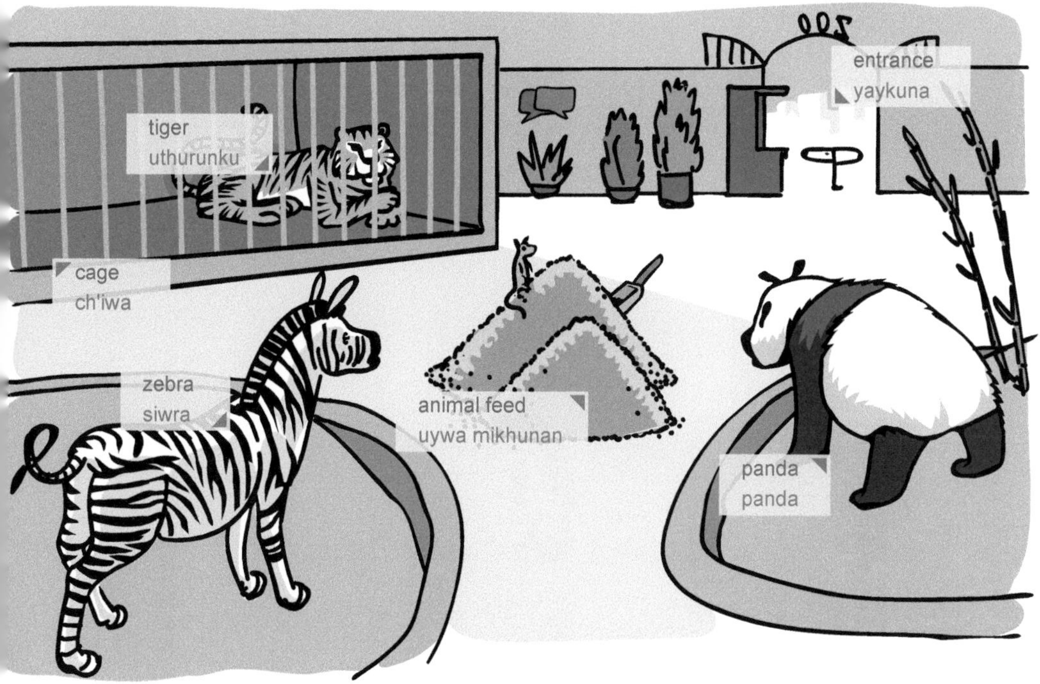

- entrance / yaykuna
- tiger / uthurunku
- cage / ch'iwa
- zebra / siwra
- animal feed / uywa mikhunan
- panda / panda

animals
uywa

elephant
ilijanti

kangaroo
kanguru

rhino
rinusirunti

gorilla
gurila

bear
jukumari

camel
kamillu

ostrich
suri

lion
puma

monkey
k'usillu

flamingo
pariwana

parrot
q'ichichi

polar bear
pular jukumari

penguin
pinwinu

shark
tiwurun

peacock
pawu

snake
katari

crocodile
kukuwurilu

zookeeper
jatun uywa kancha arariwa

seal
fuka

jaguar
uthurunku

zoo - jatun uywa kancha

pony
puni

leopard
lliwpardu

hippo
hipuputamu

giraffe
jirafa

eagle
anka

boar
sintiru

fish
challwa

turtle
turtuga

walrus
mursa

fox
atuq

gazelle
gacila

zoo - jatun uywa kancha

sports
atipanaku pukllay

activities
ruwakuna

jump — phinkiy
laugh — asiy
hug — mak'alliy
walk — puriy
sing — takiy
dream — musquy
pray — mañakuy
kiss — much'ay

write — qillqay
draw — t'iktuy
show — qhawachiy

push — tanqay
give — quy
take — uqhariy

activities - ruwakuna

have
yuq

do
ruway

be
kay

stand
sayay

run
t'ijuy

pull
chuqay

throw
chuqay

fall
urmay

lie
siriy

wait
suyay

carry
apay

sit
chukuchiy

get dressed
p'achachakuy

sleep
puñuy

wake up
rikch'ay

activities - ruwakuna

look at
qhaway

cry
waqay

stroke
waylluy

comb
sikray

talk
rimay

understand
unanchay

ask
tapuy

listen
uyariy

drink
upyay

eat
mikhuy

tidy up
kamachiy

love
khuyay

cook
wayk'uy

drive
q'iwiy

fly
phaway

activities - ruwakuna

sail
wamp'uy

calculate
yupanchay

read
ñawiriy

learn
yachay

work
llamk'ay

marry
sawaray

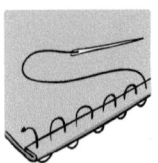
sew
siray

brush teeth
kiru khitukuy

kill
wanchiy

smoke
pitay

send
kachay

family
yawar masikuna

- grandmother — jatun mama
- grandfather — jatun tata
- father — tata
- mother — mama
- baby — wawa
- daughter — warmi wawa/ ususi
- son — qhari wawa/ churin

guest
jamuynisqa

aunt
ipa

uncle
kaki

brother
tura/wawqi

sister
ñaña/pana

body
uqhu

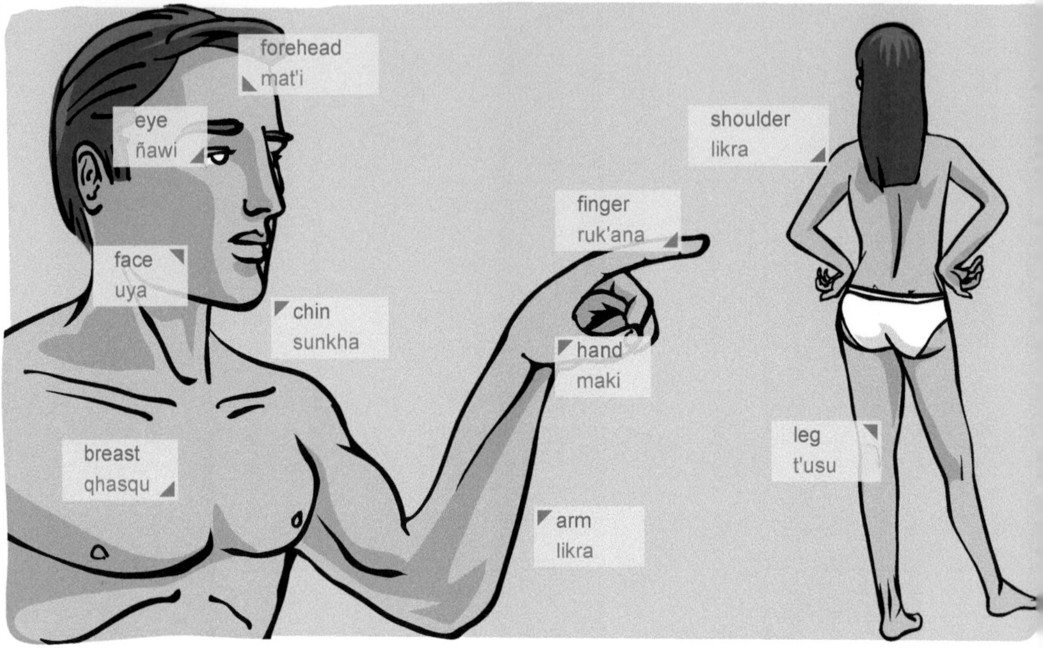

forehead — mat'i
eye — ñawi
shoulder — likra
finger — ruk'ana
face — uya
chin — sunkha
hand — maki
breast — qhasqu
leg — t'usu
arm — likra

baby
wawa

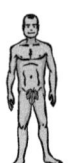

man
qhari

woman
warmi

girl
sipas

boy
yuqalla

head
uma

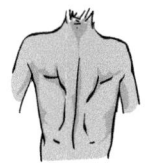	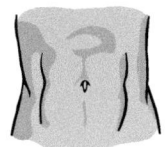	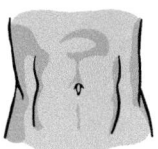
back	belly	navel
wasa	wisa ukhu	pupu
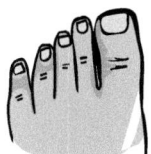	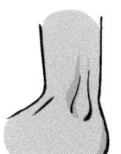	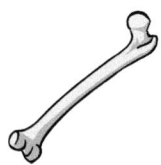
toe	heel	bone
ruk'ana	takillpa	tullu
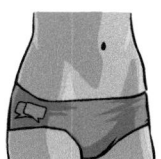	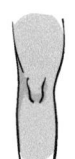	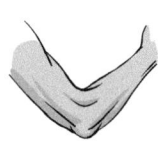
hip	knee	elbow
chaka	muqu	maki muqu
	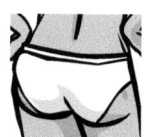	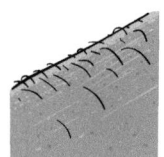
nose	buttocks	skin
sinqa	siki	qara
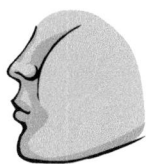	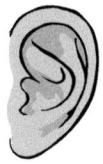	
cheek	ear	lip
k'aqlla	linri	sipri

body - uqhu

mouth
simi

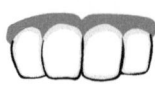
tooth
kiru

tongue
qallu

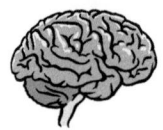
brain
ñuqtu

heart
sunqu

muscle
mach'i

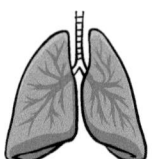
lung
surq'an

liver
k'iwicha

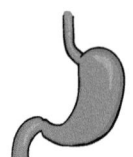
stomach
wisa

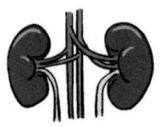
kidneys
wasa ruru

sex
lluq'anaku

condom
condon

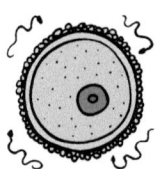
ovum
ch'uytu

semen
yuma

pregnancy
wiksayuq kay

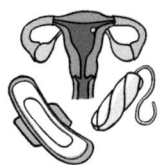
menstruation
k'ikuy

vagina
rakha

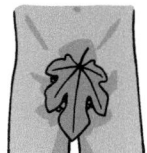
penis
ullu

eyebrow
qhichira

hair
chukcha

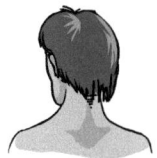
neck
kunka

hospital
Jampina wasi

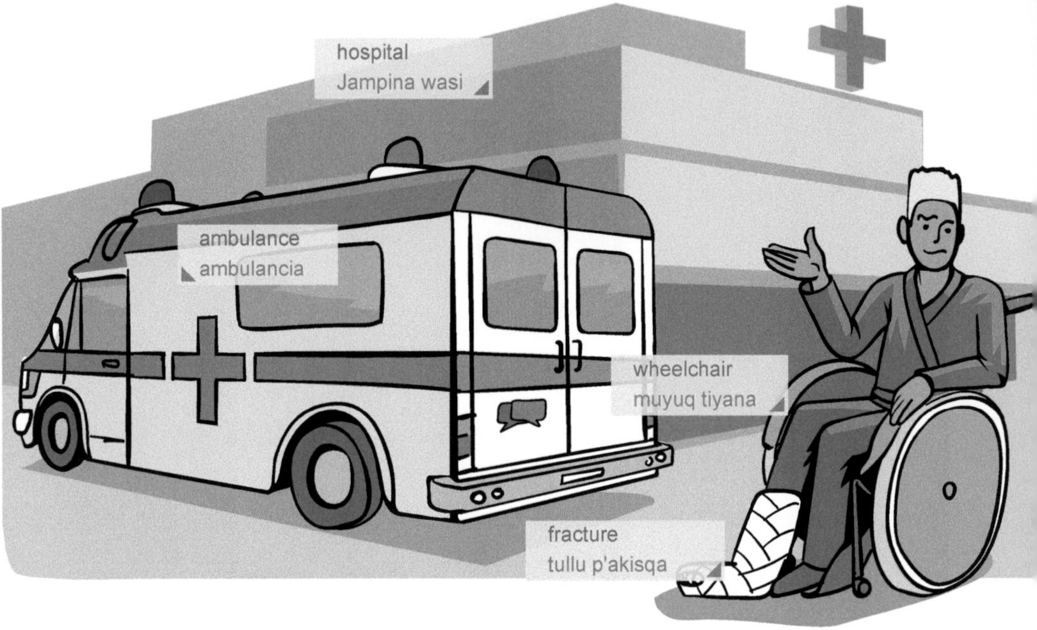

- hospital / Jampina wasi
- ambulance / ambulancia
- wheelchair / muyuq tiyana
- fracture / tullu p'akisqa

doctor
jampi kamayuq

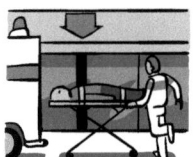

emergency room
urgencia wasi

nurse
jampi yanapaq

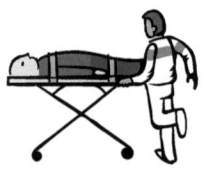

emergency
urjinsia

unconscious
mana yuyayniyuqchu

pain
nanay

injury

ñuti

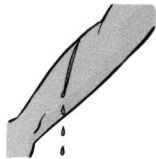

bleeding

sirk'ay

heart attack

infarto

stroke

wayra

allergy

millachikuq

cough

ch'uju

fever

k'aja unquy

flu

p'urqi

diarrhea

q'icha

headache

uma nanay

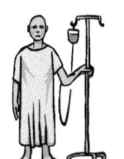

cancer

isqu unquy

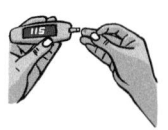

diabetes

diyawitis

surgeon

jampi kamayuq

scalpel

bisturi

operation

upirasiun

hospital - Jampina wasi

 CT — TAC	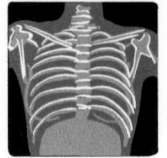 x-ray — tullurikuchi	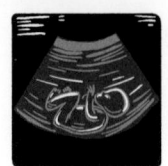 ultrasound — ultrasunidu
 face mask — jark'ana	 disease — unquy	 waiting room — suyanapaq k'illi wanlla
 crutch — tawna	 plaster — tinta	 bandage — manku
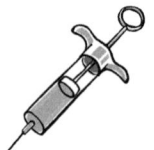 injection — inyiksiun	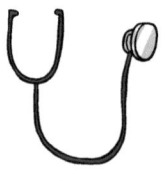 stethoscope — istituskupiu	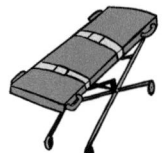 stretcher — kallapu
 clinical thermometer — llaphi tupuna tupu	 birth — paqarisqa	 overweight — wirachasqa

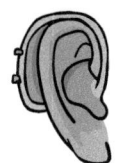
hearing aid
audifono

disinfectant
disinjiktanti

infection
q'iyacha

virus
miyu

HIV / AIDS
VIH / SIDA

medicine
jampi

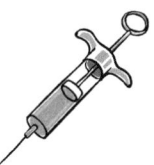
vaccination
wakuna

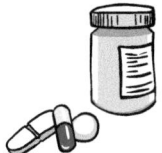
tablets
tawlitakuna

pill
pastilla

emergency call
usqay waqyana

blood pressure monitor
tinsiumitru

ill / healthy
unqusqa / qhali

hospital - Jampina wasi

emergency
urjinsia

Help! / ¡Yaw!	 alarm / alarma	 assault / manchay
 attack / waykha	 danger / chhiki	 emergency exit / punku utqay lluqsinapaq
Fire! / ¡Nina!	 fire extinguisher / nina wañichiq	 accident / ñak'ariy
 first-aid kit / botiquin de primeros auxilios	 SOS / SOS	 police / pulisiya

earth
Pacha

Europe

Iwrupa

North America

Chincha Amerika

South America

Qulla Amerika

Africa

Ajurika

Asia

Asia

Australia

Awstralia

Atlantic

Atlantiku

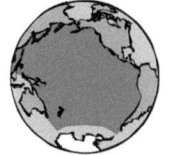

Pacific

Pasijiku

Indian Ocean

Indiku mama qucha pacha

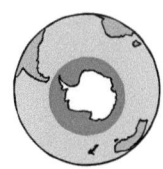

Antarctic Ocean

Antartiku mama qucha pacha

Arctic Ocean

Artiku mama qucha pacha

North pole

chincha pulu

South pole
qulla pulu

Antarctica
Antartida

earth
Pacha

land
jallp'a

sea
mama qucha

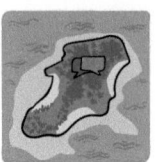

island
tara

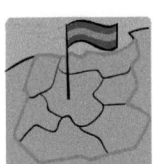

nation
llaqta

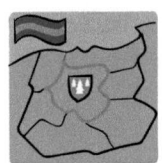

state
Suyu

clock
phani (kuna)

clock face

muruq'u

hour hand

phani tuqsiq

minute hand

chininiq

second hand

ch'ipu yupaq

What time is it?

¿Ima phanitaq?

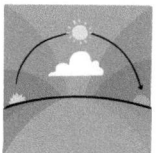

day

p'unchaw

time

pacha

now

kunan

digital watch

dijital inti watana

minute

chinini

hour

phani

week
qanchischaw

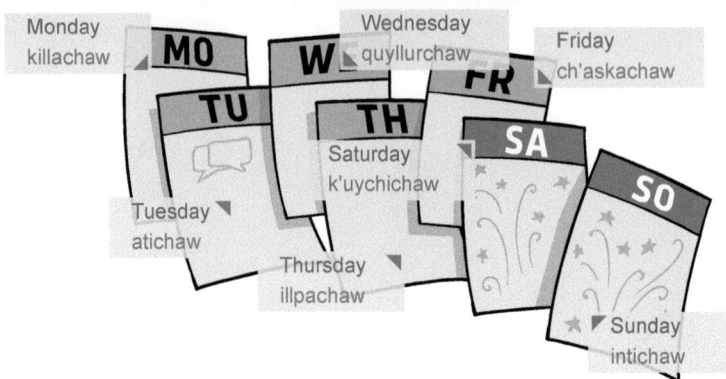

Monday — killachaw
Tuesday — atichaw
Wednesday — quyllurchaw
Thursday — illpachaw
Friday — ch'askachaw
Saturday — k'uychichaw
Sunday — intichaw

yesterday

qayna

today

kunan

tomorrow

p'unchaw

morning

p'unchaw

noon

chawpi p'unchaw

evening

sukha

workdays

llamk'ana p'unchawkuna

weekend

tukuq qanchischawnin

week - qanchischaw

year
wata

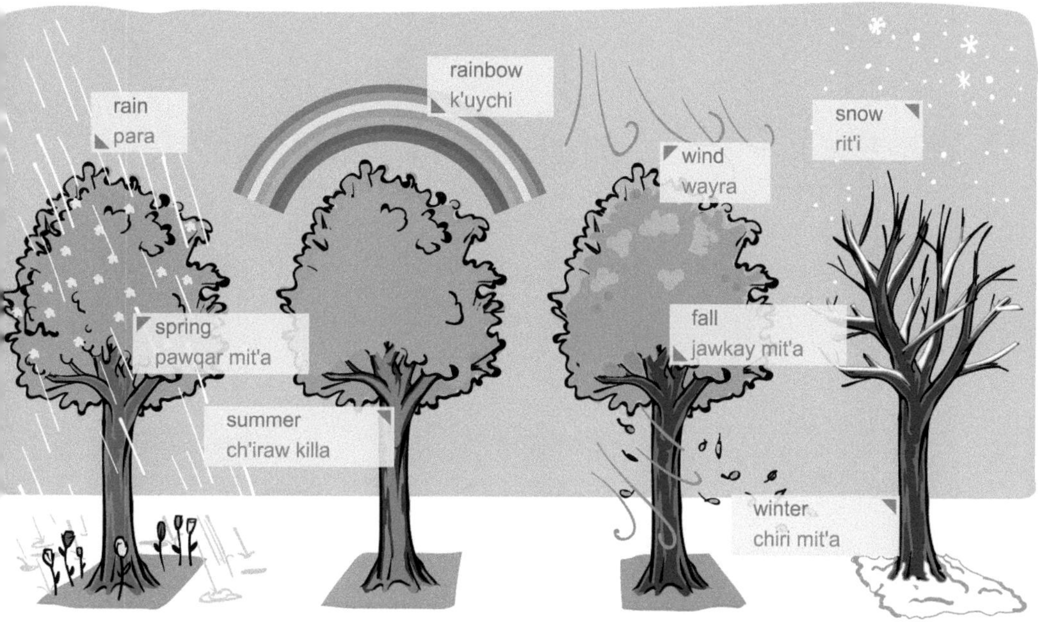

rain
para
rainbow
k'uychi
wind
wayra
snow
rit'i
spring
pawqar mit'a
fall
jawkay mit'a
summer
ch'iraw killa
winter
chiri mit'a

4.APRIL 11°
5.APRIL 4°
6.APRIL 13°
7.APRIL 8°
8.APRIL 10°

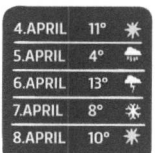

weather forecast

inti raki

F C
120 90 60 30 0 -30
40 30 20 10 0 -10 -20

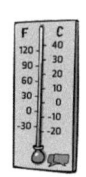

thermometer

tirmumitru

sunshine

inti

cloud

phuyu

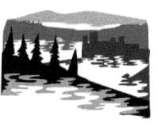

fog

phuyu

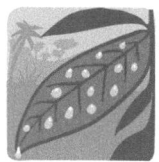

humidity

juq'u

lightning
illapa

thunder
illapa

storm
tamya

hail
chikchi

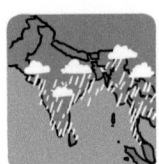

monsoon
muyuq wayra

flood
lluqlla

ice
chullunka

January
qhaqmiy killa

February
jatunpuquy killa

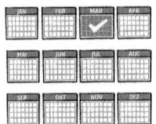

March
pachapuquy killa

April
ariwaki killa

May
aymuray killa

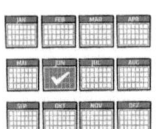

June
jawkaykuskuy killa

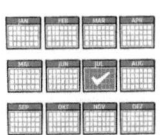

July
chakrakunakuy killa

August
chakraypuy killa

year - wata

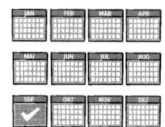
September
tarpuy killa

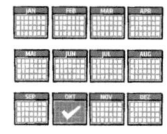
October
pawqarwara killa

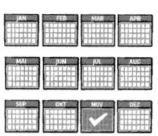
November
ayamarq'ay killa

December
qhapaq inti raymi killa

shapes
pacha tupusqa rikch'ay

circle
muyu yupa

square
tawak'uchu yupa

rectangle
sayt'u yupa

triangle
kimsa k'uchu yupa

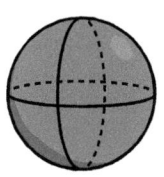
sphere
muruq'u

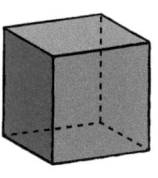
cube
yupa wayru

colors
llimp'ikuna

white
yurak

yellow
q'illu

orange
willapi

pink
panti

red
puka

purple
kulli

blue
anqas

green
q'umir

brown
ch'umpi

gray
uqi

black
yana

opposites
wakjinakuna

a lot / a little

achkha / pisi

angry / calm

phiña / qhasi

beautiful / ugly

k'acha / millay

beginning / end

qallariy / tukuy

big / small

jatun / juch'uy

bright / dark

sut'i / tuta

brother / sister

wawqi / pana

clean / dirty

llimphu / ch'ichi

complete / incomplete

junt'asqa / mana junt'asqa

day / night

p'unchaw / tuta

dead / alive

wañusqa / kawsaq

wide / narrow

chhuqu / k'ichki

edible / inedible

mikhunapaq / mana mikhunapaqchu

evil / kind

sakra / k'acha

excited / bored

kusisqa / majisqa

fat / thin

rakhu / tullu

first / last

ñawpaq / qhipa

friend / enemy

masi / awqa

full / empty

junt'a / ch'in

hard / soft

k'urki / llamp'u

heavy / light

llasa / chhalla

hunger / thirst

yarqhay / ch'akiy

ill / healthy

unqusqa / qhali

illegal / legal

chanin / mana chanin

intelligent / stupid

yuyaysapa / upa

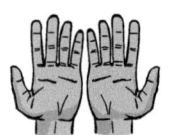

left / right

lluq'i / paña

near / far

qaylla / karu

new / used

musuq / mawk'a

nothing / something

ch'usaq / imapis

old / young

machu / wayna

on / off

jap'isqa / wanchisqa

open / closed

kichasqa / wisq'asqa

quiet / loud

ch'in / ch'aqwa

rich / poor

qhapaq / wakcha

right / wrong

chiqan / mana chiqan

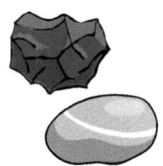

rough / smooth

qhachqa / llamp'u

sad / happy

llakisqa / kusi

short / long

k'aka / karu

slow / fast

jayra / utqay

wet / dry

juqu / ch'aki

warm / cool

rupha / chiri

war / peace

awqay / sunqu tiyakuy

opposites - wakjinakuna

numbers
yupaykuna

0 zero — ch'usak

1 one — uk

2 two — iskay

3 three — kimsa

4 four — tawa

5 five — phichqa

6 six — suqta

7 seven — qanchis

8 eight — pusaq

9 nine — jisq'un

10 ten — chunka

11 eleven — chunka ukniyuq

12 twelve — chunka iskayniyuq	**13** thirteen — chunka kimsayuq	**14** fourteen — chunka tawayuq
15 fifteen — chunka phichkayuq	**16** sixteen — chunka suqtayuq	**17** seventeen — chunka qanchisniyuq
18 eighteen — chunka pusaqniyuq	**19** nineteen — chunka jsq'unniyuq	**20** twenty — iskay chunka
100 hundred — pacha	**1.000** thousand — waranqa	**1.000.000** million — junu

numbers - yupaykuna

languages
simikuna

English
inklis simi

American English
amerikanu inklis simi

Chinese Mandarin
mandarin chinu simi

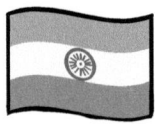

Hindi
jindi simi

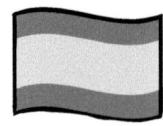

Spanish
castilla simi

French
fransis simi

Arabic
arabia simi

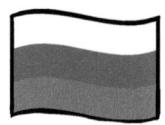

Russian
rusia simi

Portuguese
purtugal simi

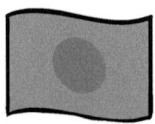

Bengali
bingali simi

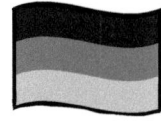

German
alimania simi

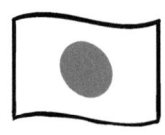

Japanese
japun simi

who / what / how
pi / ima / imayna

I
ñuqa

you
qam

he / she / it
pay / pay / chay

we
ñuqanchik

you
qamkuna

they
paykuna

who?
¿pitaq?

what?
¿imataq?

how?
¿imaynataq?

where?
¿maypitaq?

when?
¿mayk'aq?

name
suti

where
maypi

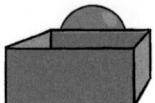

behind

qhipa

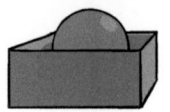

in

pi

in front of

ñawpaq

over

pantanpi

on

pata

under

uranpi

beside

kuska

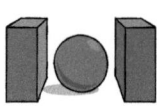

between

chawpi

place

chiqan